www.ingramcontent.com/pod-product-compliance
Lightning Source LLC
LaVergne TN
LVHW012117070526
838202LV00056B/5757
* 9 7 8 3 7 4 8 2 7 6 9 9 9 *